Patric de Haan

DIE HERZZEITLOSE

Impressum

Bibliografische Information der Deutschen National-
bibliothek: Die Deutsche Nationalbibliothek
verzeichnet diese Publikation in der Deutschen Na-
tionalbibliografie; detaillierte bibliografische Daten
sind im Internet über dnb.dnb.de abrufbar.

© 2023 Patric de Haan
Coverdesign, Satz, Herstellung und Verlag:
BoD – Books on Demand, Norderstedt

ISBN: 978-3-7578-5741-7

DIE
HERZ
zeitlose

Patric de Haan

NICHTS IST
anspruchsvoller
ALS EIN LEERES, UNBESCHRIEBENES
UND UNBEMALTES BLATT.

Für Maike

...

INHALT

FREI-WILLIG

Plötzlich sprach der Vogel zu seinem Menschen und fragte: „Liebst Du mich?"

Dieser antwortete: „Klar liebe ich Dich, sonst wärst Du nicht bei mir. Liebst Du mich denn?"

Der Vogel saß still und schaute seinen Menschen fast ungläubig an: „Ist es Bedingung, dass ich Dich liebe, damit Du mich lieben kannst?"

„Nein, selbstverständlich nicht", antwortete sein Mensch ein wenig verlegen.

„Um Deine Gegenfrage zu beantworten: Ja, ich liebe Dich, weil Du Dich um mich kümmerst, aber viel lieber wäre ich frei und ginge meiner Bestimmung nach, indem ich dem Himmel auf meinen Schwingen entgegenfliege. Außerdem möchte ich Dich von der Aufgabe entbinden, immer für mich da sein und Verantwortung für mich übernehmen zu müssen."

Sein Mensch machte ein trauriges Gesicht und flüsterte vor sich hin: „Ich mache das doch gern, und ich habe Dich zu mir geholt, damit ich nicht so einsam bin und weil ich Deine Lieder mag."

Der Vogel gab zurück: „Macht es Dich denn jetzt überhaupt noch froh, mich hier in diesem Käfig zu wissen, nachdem Du nun weißt, wie ich denke und fühle? Wäre es nicht viel schöner, ich käme ab und an zu Dir, aus freien Stücken, um Dir ein Lied zu singen, wenn mir danach ist?"

Sein Mensch dachte nach, stand auf, öffnete den Käfig und ging danach zum Fenster, um dieses weit aufzustoßen. Der Vogel flog sogleich hinaus.

Der Mensch rief ihm hinterher: „Mach es gut, mein Freund!"

Der Vogel drehte sich um und antwortete: „Bis bald, mein Freund!"

AUS PERFORIERTEM HERZEN

quillt hundertfach die Liebe,
und nichts fängt sie auf,
so tropft sie ins Leere.
Doch auch diese Leere hat
in seiner tiefsten Tiefe
einen Boden.
Dort sammelt sich
das teure Gut
und türmt sich auf,
bis es wieder spürbar wird,
das Herz wirft seine Tentakel aus
und saugt sich voll mit
einst Verlorenem.

ICH LIEBE
DICH GERN,

ob von nah oder fern.
Ich liebe Dich ohne Bedingung,
nehme Dich wahr mit jeder Schwingung.
Ich liebe Dich ehrlich,
ab da wird's für mich gefährlich,
denn ich möcht' mich nicht verlieren.
Drum will ich mich zieren,
will nicht zu lange bleiben an diesem Ort.
Bevor Du gehst, geh ich dann fort,
weil ich's nicht ertrüge
zu glauben, es war alles nur eine Lüge.
Deshalb bin ich stets auf dem Sprung hinaus
aus diesem fast zu schönen Haus.

DA IST
KEIN GROLL

in mir,
dass ich heißen Zorn
in Worte verpackt
Dir hinterherschleudere
wie ein Vulkan,
der seine heiße Glut verströmt.
Da ist kein Traurigsein,
welches ich über Dich
kommen lasse,
als würd' ich Dich
ertränken wollen in tiefer See.
Da ist Verstehen in mir,
wissend, dass es Winde gibt,
die, ihre Richtung ändernd,
Deine Liebe forttrugen,
in ein anderes Herz.
Es ist alles gut …

HÖRST DU?!

Die Zeit steht still
und ruht ohne Laut.
Kann man
Stille hören?!
Ja, wenn Du
bei mir bist.
Denn dann ist lautlos
schreiend Herz
zu hören.

WENN ICH AN DICH DENKE,

regt sich tief in mir
ein Gefühl wie weißer
Schnee,
und darüber steht blutrot
die untergehende Sonne
wie eine Verheißung.
Im Widerglanz des Schnees
lodert nur scheinbar kontrolliert
ein Feuer,
das mich hinunterzieht
zu Dir,
weil der Boden
unter meinen Füßen
schmilzt.
Darunter erwartest Du mich,
geheimnisvoll lächelnd,
mit offenen Armen ...
Je t'aime.

Liebe oder was?!

Ich kann nicht ohne Dich leben …
DOCH, KANNST DU?!
Ich will nicht ohne Dich sein …
DOCH, DAS MUSST DU
DANN UND WANN!
Ohne Dich sind die Tage grau …
NEIN, ICH BIN NICHT
VERANTWORTLICH FÜR DAS
SONNENLICHT! …
Was soll ich nur ohne Dich machen?!
WAS HAST DU VORHER
OHNE MICH GEMACHT?!
Ich fühle mich so leer ohne Dich …
DU WARST VORHER SCHON
OHNE MICH, BIS OBEN HIN MIT
ALLEM WICHTIGEN GEFÜLLT!!!
Liebst Du mich denn noch?!
DAS ERKLÄRE ICH DIR SCHON
DIE GANZE ZEIT …

Damit Du Dich besser fühlst,

geh ich fort von
diesem Ort,
der uns gehört(e) …
will nicht Last sein
noch Dich beschweren
und mit Gefühlen
Dich erdrücken.
Deshalb zieh ich mich
zurück in einem Stück …

WIE OFT MAG

ich an Dir vorübergegangen
sein,
ohne Dich
erkannt zu haben?!
Wie oft bog ich zu früh
nach links oder rechts
von meinem Weg ab?!
Wenn Dein Name fiel,
muss es der Wind gewesen sein, der ihn davontrug,
sodass ich ihn nicht vernehmen konnte.
Schön, Dich jetzt sehen
und hören zu dürfen.

Ich atme Dich
ganz tief ein

*und spüre, wie der Odem
sich warm um mein Herz legt.
Ich flüstere ganz leise Deinen Namen
und es fühlt sich richtig an …*

Du bist
eine Ahnung,

die mich berührt,
die mich streift,
bist wie ein
Versprechen,
welches unausgereift,
bist mein Wollen,
mein Vielleicht,
bist mein Überall,
bist mein Unerreicht.
Und deshalb
glaube ich ganz
tief und fest
an diesen
unausgesprochenen
Rest GEFÜHL.

ALS SEIST DU

aus alter Zeit,
trägt die Erinnerung
den Duft Deiner
Weiblichkeit.
Es ist, als würde
dieser eine Moment
meine Lippen ob
Dir benetzen,
der Duft, der Dir
entströmt,
ist mir vertraut,
weckt Begehrlichkeit,
die ich nicht
in mir tragen darf.
Drum erfreue ich mich
ob Deiner Nähe,
schaue Dich an
und behalt's für mich.

WER BIST DU,

dass ich von Dir träume,
ungefragt und ohne Reue?!
Wer bist Du,
dass ich mich nach Dir sehne,
ungesagt ganz still und heimlich?!
Wer bist Du,
dass ich mit Dir spreche,
obwohl Du nicht da bist?!
Wer bist Du,
dass mein Herz zu bersten droht
und ich das gern ertrage?!

ZWEI SOMMER
LANG

tanzten wir leichten Fußes,
es fühlte sich an
wie Tango und Walzer
zugleich,
sinnlicher Rausch
und zartes Gefühl.
Doch dann, im letzten Herbst,
wurden die Schritte schwer,
wie das nasse Laub
auf den Straßen,
die Bewegungen zäh
wie der Novembernebel,
und die Spuren, die wir hinterließen,
verschwanden unter dem Weiß
des Schnees.

ICH RIECHE DAS

Meeresrauschen,
wenn Du salzig an
mir klebst,
während Dein Atem wie
Wellengetöse
meine Sinne durchflutet
und Dein Schenkel
wie zufällig auf meiner Hüfte weilt.
Dein vermeintlich scheuer Blick,
wird entlarvt durch die kecke
Zungenspitze,
die, von blutvollen Lippen entblößt,
zwischen Deinen weißen Zähnen
schimmert,
während Dein zurückgelehnter Kopf
mir die pochend sanfte Linie
Deines Halses anbietet.
So sinke ich dahin,
umhüllt von Deiner Zärtlichkeit,
als spülte die Flut den Sand
unter meinem Körper hinfort,
um mich zu betten in
Deine Sinnlichkeit.

WELCHEN KLANG

hat dieser Tag,
wie einen Flügelschlag,
so leise,
spür ich ihn
auf meiner Haut.
Sanft fällt der Wolken
Last auf mich hernieder
und bricht den Sonnenstrahl
gar tausendfach,
verändert helles Licht
in bunte Farben
und spannt einen
Regenbogen über mein Haupt.
Ich stell mir vor,
er schützte mich,
und mir ward, als trockne
mein Gewand unter dem Nass.
Es ist wohl Deine Liebe,
die um mein Herz sich legt,
und drum ist's egal, welch
Unbill sich mir entgegenstellt,
weil so ich alles leicht ertrag.

DU WARST
NIE NUR

ein Moment für mich,
warst kein flüchtiger
Blick,
warst kein unbedachtes
Wort,
keine abwertende
Geste,
warst kein unbewusster
Atemzug,
warst kein oberflächliches
Gefühl.
Du warst das Gegenteil
von alledem,
und Du hast die Lücke
zwischen meinen Herzschlägen
gefüllt.

DAS VERSENKEN DES UNS

ist Dir gelungen –
ohne Zweifel.
Diese aber stehen
doch im Raum,
weil Richtig oder Falsch
keine Antwort findet.
So kämpft das Nein
mit dem Ja,
und zwischen beiden
wird das Herz zerrieben,
bis dieses, zu Staub geworden,
vom leisesten Windhauch
davongetragen wird.

Trilogie von „DU BIST"

Du bist mein Licht und bist mein Gral,
mein Weltgefüge ohne Grenzen.
Bist meine Innerwelt,
der Raum, in dem ich lebe.
Du bist mein Laster,
meine Tugend,
meine Erinnerung und auch mein Plan,
bist Labsal und Verzicht,
mal grell, mal dunkel,
mal ganz nah und dann auch
unerreicht.
Du bist die Patina
von Raum und Zeit
auf meiner Seele,
hast so Deine Spuren
in mich hineingetragen.
Ich möchte,
dass Du bleibst –
weil ich Dich liebe.

Du bist meine Versuchung,
mein Glaubenskrieg,
mein Wirrwarr,
mein Hoch, mein Tief,
bist mein **ICH** *gespiegelt,*
fühlst Dich an
wie Mikado,
eine falsche Bewegung –
verloren.
Du bist jetzt dran ...
Wie wäre es,
wenn wir stattdessen Tennis spielen,
jeder gewinnt einen Satz,
danach gehen wir Hand in Hand
vom Platz und scheißen
auf den dritten Satz?!

Du bist
die Herbstbunte,
die Winterweiße,
die Frühlingsduftende,
die Sommernächtliche,
das alles rieche ich
an Dir,
Du bist meine
fünfte Jahreszeit.

ICH LABE MICH

an Deiner Weiblichkeit,
trinke Deinen Duft
von hitziger Haut,
mit weichen Lippen aufgenommen.
Deinen Herzschlag spüre ich
an meiner Bauchdecke
wie durch Pergament hindurch,
und unser beider Schweiß
verbindet uns mit leichtem Film,
der sich zwischen
den feinen Härchen verfangen hat.

MEINE WORTE
UMSCHMEICHELTEN

Dein Ohr wie zarte Musik,
mein Atem auf Deiner Haut
fühlte sich wie eine leise Berührung an,
meine Finger flatterten
über Deinen Körper
wie kleine Schmetterlingsflügel,
bis Du Nein sagtest
und mit Deiner Hand auf sie schlugst …
Der Schmetterling war **TOT**.

Da ruht die Zeit

auf alten Bäumen.
Träge und gestillt
von vielen Sonnen
und Winden stehen sie da,
uns Schutz bietend,
sodass wir eng umschlungen
und in uns gekehrt
friedlich in die Äste schauen können.
Unserer Liebe ward ein Baldachin
geschenkt,
der schützend sich
mit Schattenspiel auf unseren
Gesichtern tummelt
und Sprenkel in die
Augen zaubert,
so jeder Augen-Blick
Dich mir anders zeigt,
wie auch ich
niemals derselbe bin.

ICH VERMISSE DICH

im Jetzt,
im Gestern
und im Morgen,
schon bevor Du
gehst,
bevor Du
gingst,
bevor Du kommst.
Ich vermisse Deine
Zeilen,
Dein Verweilen,
Dein Reden
und Dein Sein.
Ich begehre Dich
und wehre mich
gegen köstlich
süßen Wahn und
bin schon gefangen
ohne Reue,
Du Scheue.

UNTERM WINTERMOND,

in kristallbenetzter Luft,
laufe ich durch tiefen Schnee
gedämpften Schrittes
zu Dir über Fluren und Felder
und lausche in die Dunkelheit
hinein.
Als hörte ich in weiter Ferne
Deinen Atem, Deinen Herzschlag,
weiß ich genau, wohin der Weg
mich führt.

Sei mir so nah,

wie zwei aufeinanderliegende
Felsen,
so nah,
wie das Wasser dem
Flussbett,
so nah,
wie die Nacht dem
Tag,
so nah,
wie die Stimme dem
Laut,
so nah,
wie das Blatt dem
Baum,
so nah,
dass ich nicht zu sagen brauche,
dass ich Dich liebe,
weil Dein Herz in meinem
schlägt und umgekehrt.

Wenn der Sturm
des Lebens

zu heftig für Dich ist,
stelle ich mich schützend
vor Dich hin.
Wenn Deine Träume
Dir schier unerreichbar erscheinen,
suche ich eine Abkürzung für Dich,
damit Du schneller dorthin gelangst.
Wenn Du das Gefühl hast,
Du treibst hilflos in einem tiefen Meer,
werde ich da sein, damit Du Dich
an mich klammern kannst.
Wenn Du Angst vor dem
Dunkel der Nacht hast,
werde ich ununterbrochen bis zum Sonnenaufgang
ein Lied
nach dem anderen für Dich singen.
Wenn ich lese, was mir
hier zu Dir gerade einfällt,
ist meine Liebe für Dich
wohl genau so richtig, oder?!

WEIL ICH
DICH BEGEHRE

zur Unzeit,
ist dieses Zweisam mit Dir
nicht immer frei
von Dunkelheit.
Doch nehme ich es hin,
weil manch Augenblick,
gefüllt mit Deinem Lächeln,
helle Blitze in mich treibt.
Ich liebe Dich, weißt Du?!

TAG UM TAG

und in den Nächten danach,
haben wir uns beweint,
bis unsere Welten nur noch
trockene Bäche ihr Eigen nannten.
Es fehlten die Worte, die den Regen brachten, um
das Land in uns erblühen zu lassen,
bis wir uns endlich getrauten
auszusprechen,
was da zu sagen war.
Mon cœur, my heart, mein Herz,
mijn hartje, mio cuore.

Du kelchst in deiner Blüte,

warm, feucht, weich,
und öffnest Dich mir so,
dass ich in Dich
eintauchen möge
mit meiner Kraft,
die Du,
doch Weib und listig,
verwandelst in weiches Tun.
Du bist mein
achtarmiges Pheromon,
mein Herzenston,
mein Seelenlaut.

DEIN BLICK RUHT

auf mir wie
seidige Fäden,
mit denen umwoben
ich wertvoll mir vorkomm.
Deine Hände berühren
mich sanft,
als wär ich teures Glas,
das zu zerbrechen
Du nicht wagst.
Deine Worte
umgarnen mich
mit wärmendem
Gefühl,
als dächtest Du,
ich fröre.
Doch weit gefehlt,
denn gülden
ist Dein Herz,
so Du mich liebst,
aus Glas Deine Seele,
damit ich Dich schaue,
und frieren kann ich nicht,
weil ich ob Dir
längst schon glühe.

ALS BÄCHLEIN KAM

ich zur Welt,
wurde mit der Zeit zum Strom
im Zyklus des Lebens,
riss mit mir hinab,
was hier und da
meinen Lauf durchkreuzte.
Dann aber stieß ich auf Dich,
ganz plötzlich warst Du da.
Ein sanftes Rinnsal,
das mich bremste,
meine Fluten zur Ruhe brachte,
meine Wellenkämme glättete,
als nähmest Du mich an die Hand,
ganz selbstverständlich,
und da wusste ich,
dass von Anbeginn an
bestimmt war,
dass meinem Lauf Du
irgendwann folgen würdest,
um im richtigen Moment
Dich mir zärtlich
entgegenzustellen.

Ich möchte nicht,

dass Du lächelst,
als hättest Du das Lächeln
auswendig gelernt,
möchte nicht,
dass wir beiläufig
„Ich liebe Dich" sagen,
weil wir es uns im Laufe
der Jahre nun mal
so angewöhnt haben.
Ich möchte kein
geknurrtes „Guten Morgen"
und kein „Gute Nacht"
ohne Betonung.
Ich möchte keine
schweigsamen Essen
und keine Blicke,
die an uns abprallen
oder an uns vorbeiSEHEN.

Möchte nicht mit Dir
im Café sitzen
und mich einsam fühlen.
Was ich will, ist,
dass unsere Herzen
eine Seele haben,
dass diese Seele viele
offene Fensterchen hat,
durch welche die Liebe immer
wieder hineinschlüpfen kann,
ohne sich zu verausgaben.

DEIN GESICHT

in meinen Händen,
auf den Lippen
süßes Gold mich streift,
so wertvoll der Moment,
den ich vergraben möcht',
ganz tief wie
einen Schatz.

Weil es nicht geht,

weil es nicht geht,
denn etwas zwischen uns steht,
weil es nicht darf,
weil es nicht darf,
ich Dich aus meinem Herzen warf,
es gibt keinen Raum,
es gibt keinen Traum,
drum erhält die Liebe einen Zaum,
es gibt kein Versteck,
das Herz liegt im Dreck
und zuckend läuft es AUS.

Ich kenn Dich nicht,

trotzdem frag ich Dich:
Was machst Du morgen,
am nächsten Tag,
und die Jahre drauf?!
Ich möcht' Dich
dürfen,
Liebe mit Dir aus
einem schlichten Becher
schlürfen,
ich möcht Dich
meinen,
mich mit Dir in
wo auch immer
vereinen.
Wer bist DU,
dass mich süßer Wahnsinn
treibt,
Dir das zu
schreiben,
nicht wissend, was danach
bleibt,
außer vielleicht leeren
Laiben,
denen Gefühl aus Angst
entfloh.

„Deine Liebe ist fesselnd",

sagte sie zu ihm
und spürte, wie der Stacheldraht
um ihr Herz sich legte.
Wie entfesselt lief sie davon,
auf der Suche nach
einer Seele,
die ihr das Fliegen gönnt.

„WARUM WILLST DU GEHEN?!",

fragt das Herz die Liebe.
„Weil Du nicht zulässt,
dass ich Dich liebe.
Drum suche ich mir jetzt ein
Herz, das dazu fähig ist."
Sagt die Liebe …

EINE UNERFÜLLTE LIEBE

und die daraus entstehende Sehnsucht
fühlt sich an wie das Betrachten
einer leeren Schaukel,
die sich einsam unter einem großen Baum
im Wind bewegt.

Als sollte die Hochzeit

nie enden,
so trägt das Meer
seine Schaumkronen
wie ein weißes Brautkleid
tagein, tagaus dem Lande zu.
Und weil ein jeder von beiden
bleibt, wie er ist,
umarmen sie sich zu gerne
immer wieder aufs Neue,
mal sanft, mal stürmisch.